COMMENT ON DÉFEND

SES DROITS

A LA PÊCHE

(Pêche Fluviale et Pêche Maritime)

PAR

Paul d'ENJOY

Prix : 1 franc

PARIS

L'ÉDITION MUTUELLE

29, RUE DE SEINE, 29

Tous droits réservés

COMMENT ON DÉFEND

SES DROITS A LA PÊCHE

DU MÊME AUTEUR

Cop Hardy en Russie, voyages humoristiques (*épuisé*).

Étude pratique de la Législation civile annamite, 1 vol. in-8º cartonné. Challamel, rue Jacob, Paris ...... 5 fr.

Tap Truyen. Contes et légendes annamites (illustrations, impressions et brochage orientaux) Ch. Méndel, 112, rue d'Assas, Paris .... 10 »

Ly, refrains populaires d'An-nam (traduction) Durdilly et Cie, 12, rue Martel, Paris .... 3 »

Ba-Vong-Phu, romance annamite (traduction) Durdilly et Cie, 12, rue Martel, Paris .... 3 »

Idylle Bretonné, comédie (paroles et musique) Chenu, éditeur, Saint-Malo 2 50

La Colonisation de la Cochinchine (manuel du colon) un volume in-8º avec carte.

Comment on défend ses droits à la chasse (législation et jurisprudence du chasseur) Edition Médicale, 29, rue de Seine, Paris. 2 brochures in-8º (les deux)....... 2 »

La santé aux colonies (manuel d'hygiène et de prophylaxie climatologiques ; Médecine coloniale), 1 vol. in-8º .... 4 »

COMMENT ON DÉFEND

SES DROITS

A LA PÊCHE

(Pêche Fluviale et Pêche Maritime)

PAR

Paul d'ENJOY

Prix : 1 franc

PARIS

L'ÉDITION MUTUELLE

29, RUE DE SEINE, 29

Tous droits réservés

PREMIÈRE PARTIE

Pêche fluviale.

CHAPITRE PREMIER

DU DROIT DE PÊCHE

Le droit de pêche appartient, suivant les cours d'eau, à l'État ou aux particuliers.

Il appartient à l'État (domaine public) :

1° En mer (mer territoriale);

2° Sur les côtes maritimes;

3° Dans tous les fleuves, rivières, canaux et contre-fossés navigables ou flottables, avec bateaux, trains, radeaux, et dont l'entretien est à la charge de l'État ou de ses locataires;

4° Dans les bras, noues, boires, fossés tirant leurs eaux des cours d'eau désignés plus haut.

Dans ces nappes d'eau, tout le monde a la faculté de pêcher à la ligne flottante, tenue à la main, sans autorisation spéciale, mais en se conformant, bien entendu, aux règles générales sur la pêche.

Les particuliers qui sont propriétaires riverains de nappes d'eau, ont, chacun sur leur bord, le droit exclusif de pêche jusqu'au milieu du cours d'eau — sauf conventions contraires résultant de contrats ou usages locaux anciens :

1° Dans les rivières ou cours d'eau non navigables et non flottables ;

2° Dans les canaux et fossés, même navigables et flottables, s'ils ont été creusés dans leurs propriétés et s'ils sont entretenus à leurs frais ;

3° Dans les étangs.

Aux termes des articles 2 et 3 de la loi du 8 avril 1898 sur le régime des eaux, les riverains n'ont le droit d'user de l'eau courante qui borde et traverse leurs héritages que dans les limites déterminées par la loi. Ils sont tenus de se conformer, dans l'exercice de ce droit, aux dispositions des règlements et des autorisations émanées de l'administration.

Le lit des cours d'eau non navigables et non flottables appartient aux propriétaires des deux rives.

Si les deux rives appartiennent à des propriétaires différents, chacun d'eux a la propriété de la moitié du lit, suivant une ligne que l'on suppose tracée au milieu du cours d'eau, sauf titre ou prescription contraire.

Chaque riverain a le droit de prendre dans la partie du lit qui lui appartient, tous les produits naturels et d'en extraire la vase, du sable et des pierres à la condition de ne pas modifier le régime des eaux et d'en exécuter le curage, conformément aux règles établies par la loi du 8 avril 1898.

L'Etat, comme le particulier, a la faculté de louer le droit de pêche sur ses propriétés privées (domaines privés).

Celui qui se livre à la pêche sur les fleuves et rivières navigables ou flottables, canaux, ruisseaux, cours d'eau quelconques, sans la permission de celui à qui le droit de pêche appartient est condamné à une amende de 20 à 100 francs, sans compter les dommages et intérêts (article 5 de la loi du 15 avril 1829).

Le poisson pris et les engins qui ont servi à le prendre sont confisqués.

Cette permission est nécessaire pour tous les animaux aquatiques comestibles : même pour la grenouille.

Mais elle n'est pas nécessaire pour les bêtes qui ne servent pas à l'alimentation humaine : Exemples : moules d'eau douce et anodontes.

CHAPITRE II

PÊCHE DANS LES ÉTANGS

En principe, la pêche dans un étang appartient au propriétaire de l'étang.

Cependant, elle est soumise à des règles différentes, suivant que l'étang communique ou non avec des cours d'eau.

Si l'étang est isolé, il constitue un véritable réservoir clos. Il en est de même, si la nappe d'eau est séparée des cours d'eau ou rivières qui s'y abouchent, par un grillage infranchissable pour les poissons.

Dans ces deux cas, le droit de pêche est, pour le propriétaire, affranchi de toute entrave. Tous les engins lui sont permis; il peut s'emparer en tout temps, de tout le poisson, quelle que soit sa dimension.

La règle est son bon plaisir.

Qu'un étranger vienne pêcher dans cet étang, il commettra, non pas un délit de pêche, sans autorisation du propriétaire, mais un véritable vol.

L'article 388 du Code pénal s'exprime en effet ainsi :

« Quiconque aura *volé* ou tenté de *voler* du poisson
« en étang, vivier ou réservoir, sera puni d'un empri-
« sonnement d'un an au moins et de cinq ans au plus
« et d'une amende de 16 à 500 francs. »

Si, au contraire, l'étang communique avec un cours d'eau, soit naturellement, soit momentanément par suite de la destruction des grillages, soit avec intermittence par le jeu d'écluses, le propriétaire gardera ses droits de riverain, mais il restera soumis aux règles générales de la pêche comme le commun des pêcheurs.

CHAPITRE III

DU TEMPS DE PÊCHE

D'après le décret du 5 septembre 1897, qui annule les décrets des 10 août 1875, 18 mai 1878, 27 décembre 1889 et 9 avril 1892, la pêche est interdite :

1° Du 30 septembre exclusivement au 10 janvier inclusivement, pour le saumon ;

2° Du 20 octobre exclusivement au 31 janvier inclusivement, pour la truite et l'ombre-chevalier ;

3° Du 15 novembre exclusivement au 31 décembre inclusivement, pour le lavaret ;

4° Du lundi qui suit le 15 avril inclusivement au dimanche qui suit le 15 juin exclusivement, pour tous les autres poissons et l'écrevisse.

Si le lundi qui suit le 15 avril est un jour férié, l'interdiction est retardée de vingt-quatre heures.

Ces défenses s'appliquent à tous les procédés de pêche, même à la ligne flottante tenue à la main.

Les Préfets peuvent, par des arrêtés rendus après avoir pris l'avis des conseils généraux, soit pour tout le département, soit pour certaines parties du département, soit pour certains cours d'eau déterminés :

1° Interdire exceptionnellement la pêche de toutes les espèces de poissons, pendant l'une ou l'autre période, lorsque cette interdiction est nécessaire pour protéger les espèces prédominantes ;

2° Augmenter, pour certains poissons désignés, la

durée des dites périodes, sous la condition que les périodes ainsi modifiées comprennent la totalité de l'intervalle de temps fixé par les règlements précédents ;

3° Excepter de la quatrième période, la pêche de l'alose, de l'anguille et de la lamproie, ainsi que des autres poissons vivant alternativement dans les eaux douces et les eaux salées ;

4° Fixer une période d'interdiction pour la pêche à la grenouille.

Des publications sont faites dans la commune dix jours au moins avant le début de chaque période d'interdiction de la pêche, pour rappeler les dates du commencement et de la fin de ces périodes.

En temps d'ouverture, la pêche n'est permise que depuis le lever jusqu'au coucher du soleil.

On entend par nuit, le temps d'obscurité qui règne depuis la disparition *complète* du globe solaire, jusqu'à l'aurore : question de fait absolue.

Les peines pour les délits de pêche, commis la nuit, sont doublées (art. 70 de la loi du 15 avril 1829).

Toutefois, la pêche de l'anguille, de la lamproie et de l'écrevisse, peut être autorisée, après le coucher et avant le lever du soleil, dans les cours d'eau désignés et aux heures fixées par des arrêtés préfectoraux rendus après avis des conseils généraux. Ces arrêtés déterminent pour l'anguille, la lamproie et l'écrevisse, la nature et les dimensions des engins dont l'emploi est autorisé.

La pêche du saumon et de l'alose peut être permise par des arrêtés préfectoraux, rendus après avis des conseils généraux, pendant deux heures au plus après le coucher du soleil et deux heures au plus avant son lever, dans certains emplacements des fleuves et rivières navigables spécialement désignés (décret du 5 septembre 1897).

Ceux qui se livrent à la pêche pendant les temps, saisons et heures prohibés, sont punis d'une amende de 30 à 200 francs (art. 17 de la loi du 15 avril 1829).

CHAPITRE IV

DIMENSION DES POISSONS QU'ON PEUT PÊCHER

Les dimensions, au dessous desquelles les poissons et écrevisses ne peuvent être pêchés, même à la ligne flottante, et doivent être rejetés à l'eau, sont déterminées de la façon suivante :

1º Les saumons : 40 centimètres de longueur.

Cette prescription s'applique indistinctement à tous les sujets de l'espèce, n'ayant pas la dimension ci-dessus fixée, quels que soient, d'ailleurs, les différents noms dont on les désigne dans les localités : tacons, tocans, glézys, guimoisons, cadets, orgeuls, castillons, reneys, etc...

2º Les anguilles : 25 centimètres de longueur.

3º Les truites, ombres-chevaliers, ombres communs, carpes, brochets, barbeaux, brèmes, meuniers, aloses, perches, gardons, tanches, lottes, lamproies et lavarets : 14 centimètres de longueur.

4° Les soles, plies et flets : 10 centimètres de longueur.

5° Les écrevisses à pattes rouges : 8 centimètres de longueur ; celles à pattes blanches : 6 centimètres de longueur.

La longueur des poissons est mesurée de la naissance de la queue à l'œil ; celle de l'écrevisse, de l'œil à l'extrémité de la queue déployée.

Lorsqu'un pêcheur prend, *accidentellement*, des poissons trop petits, il doit les rejeter à l'eau immédiatement, sans s'occuper de ce qu'ils deviendront, vifs, mourants ou même morts.

Ceux qui violent ces règles sont punis d'une amende de 30 francs à 100 francs et de 60 francs à 200 francs, si le délit a été commis pendant le frai (art. 28 de la loi du 15 avril 1829).

CHAPITRE V

FILETS DE PÊCHE

Les mailles des filets, mesurées de chaque côté après leur séjour dans l'eau, et l'espacement des verges, des bires, nasses et autres engins, employés à la pêche des poissons, doivent avoir la dimension suivante :

1° Pour les saumons : 40 millimètres au moins ;

2° Pour les grandes espèces, autres que le saumon et pour l'écrevisse : 27 millimètres ;

3° Pour les petites espèces, telles que goujons, loches, vérons, ablettes et autres : 10 millimètres.

La mesure des mailles et de l'espacement des verges est prise avec une tolérance d'un dixième.

Le séjour, dans l'eau, des filets et engins ayant les dimensions réglementaires, est permis à toute heure sous la condition qu'ils ne peuvent être placés et relevés que depuis le lever jusqu'au coucher du soleil,

Il est interdit d'employer, *en même temps*, à la pêche, des engins de catégories différentes (décret du 5 septembre 1897).

Les préfets peuvent, sur l'avis des conseils généraux, prendre des arrêtés pour réduire les dimensions des mailles des filets et l'espacement des verges des engins employés uniquement à la pêche de l'anguille, la lamproie et l'écrevisse. Les filets et engins à mailles ainsi réduites, ne peuvent être employés que dans les emplacements déterminés par les arrêtés.

Les filets, fixes ou mobiles, et les engins de toute nature, ne peuvent dépasser, en longueur ni en largeur, les deux tiers de la largeur mouillée des cours d'eau dans les emplacements où on les emploie.

Plusieurs filets ou engins ne peuvent être employés simultanément, sur la même rive ou sur deux rives opposées, qu'à une distance triple de leur développement.

Lorsqu'un ou plusieurs engins employés sont en partie fixes ou en partie mobiles, les distances entre les parties fixes à demeure, sur la même rive ou sur les rives opposées, doivent être au moins triples du développement total des parties, fixes et mobiles, mesurées bout à bout.

Les filets fixes, employés à la pêche, doivent être retirés de l'eau et déposés à terre, pendant trente-six heures de chaque semaine du samedi à six heures du soir au lundi à six heures du matin (décret du 5 septembre 1897).

Tous les contrevenants à ces règles sur les filets sont punis d'une amende de 30 à 100 francs (art. 28 de la loi du 15 avril 1829).

Si la faute a eu lieu pendant le temps du frai, l'amende est de 60 à 200 francs.

CHAPITRE VI

MOYENS DE PÊCHE INTERDITS

Il est interdit de placer dans les rivières navigables ou flottables, canaux et ruisseaux, aucun barrage, appareil ou établissement quelconque de pêche, ayant pour but d'empêcher entièrement le passage du poisson.

Cette règle est faite pour tout le monde, même pour les propriétaires riverains.

Ceux qui la violent sont punis d'une amende de 50 à 500 francs, sans compter les dommages intérêts.

Leurs appareils sont saisis et confisqués (art. 24 de la loi du 15 avril 1829).

Ceux qui jettent dans les eaux, des drogues ou appâts pour enivrer ou détruire le poisson, sont punis d'une amende de 30 à 100 francs et d'un emprisonnement d'un à trois mois (article 25 modifié par la loi du 25 novembre 1898).

Dans cette catégorie, il faut placer la chaux, la noix vomique, la noix de cyprès, les coques du Levant, la momie, le musc et toutes autres drogues du même genre.

Ceux qui se servent de la dynamite ou d'autres produits de même nature sont passibles d'une amende de 200 à 500 francs et d'un emprisonnement de trois mois à un an (loi du 25 novembre 1898).

L'empoisonnement des étangs et des réservoirs est puni d'un emprisonnement d'un an à cinq ans et d'une amende de 16 à 300 francs (article 452 du Code pénal).

Des arrêtés préfectoraux, rendus sur les avis des conseils de salubrité et des ingénieurs ou des fonctionnaires de l'Administration des Forêts, déterminent :

1° La durée du rouissage du chanvre et du lin, dans les cours d'eau et les emplacements où cette opération peut être pratiquée avec le moins d'inconvénients pour le poisson.

2° Les mesures à observer, pour l'évacuation, dans les cours d'eau, des matières susceptibles de nuire au poisson et provenant des fabriques et autres établissements industriels quelconques (article 19 du décret du 5 septembre 1897).

Sont prohibés tous les filets traînants, à l'exception

du petit épervier jeté à la main et manœuvré par un seul homme.

Les filets, coulés à fond au moyen de poids et promenés dans l'eau sous l'action d'une force quelconque, sont défendus (article 13 du décret du 5 septembre 1897.

Est également prohibé l'emploi de lacets ou de collets.

Toutefois des arrêtés préfectoraux, rendus après avis des conseils généraux, peuvent autoriser, à titre exceptionnel, l'emploi de certains filets traînants à maille de 40 millimètres au moins pour la pêche d'espèces spécifiées, dans les parties profondes des lacs, des réservoirs, des canaux et des fleuves et rivières navigables.

Ces arrêtés désignent spécialement les parties considérés comme profondes, dans les lacs, réservoirs de canaux, fleuves et rivières navigables. Ils indiquent aussi les noms locaux des filets autorisés et des heures auxquelles leur manœuvre est permise.

Il est défendu d'établir, dans les cours d'eau, des appareils ayant pour but de rassembler les poissons dans les noues, boires, fossés ou mares dont ils ne pourraient plus sortir ou de les forcer à passer par une issue garnie de pièges.

Il est également défendu :

1° D'accoler aux écluses, barrages, chutes naturelles, pertuis, vannages, coursiers d'usines et échelles à poissons, des nasses, paniers et filets à demeure;

2° De pêcher, avec tout autre engin que la ligne flottante, tenue à la main, dans l'intérieur des écluses, barrages, pertuis, vannages, coursiers d'usine et passages ou échelles à poissons ainsi qu'à une distance moindre de trente mètres, en amont et en aval de ces ouvrages.

3° De pêcher à la main, de troubler l'eau et de fouiller au moyen de perches sous les racines ou autres retraites fréquentées par le poisson.

4° De se servir d'armes à feu, de poudre de mine, de dynamite ou de tout autre substance explosible (art. 15 du décret du 5 septembre 1897).

Les Préfets peuvent, après avis des conseils généraux, défendre en outre par arrêtés spéciaux l'emploi d'autres engins, procédés ou mode de pêche de nature à nuire au repeuplement.

Les bouteilles sont considérées par les tribunaux comme des engins de pêche prohibés.

Une amende de 30 à 100 francs est prononcée contre ceux qui font usage, en quelque temps et en quelque fleuve, rivière, canal ou ruisseau que ce soit, de l'un des moyens de pêche interdits (art. 28 de la loi du 15 avril 1829.

Si le délit a eu lieu pendant le temps du frai, l'amende sera de 60 à 200 francs.

Les mêmes peines sont encourues par ceux qui se servent, pour une autre pêche, de filets permis seulement pour la pêche du poisson de petite espèce.

Les Préfets déterminent, conformément au paragraphe 6 de l'article 26 de la loi du 15 avril 1829, les espèces de poissons, avec lesquelles il est interdit d'ap-

pâter les hameçons, nasses, filets, ou autres engins (décret du 5 septembre 1897).

Les pêcheurs qui appâtent leurs hameçons, nasses, filets ou autres engins avec des poissons des espèces dont la pêche est interdite par les règlements, sont condamnés à une aménde de 20 à 50 francs (art. 31 de la loi de 1829).

Il est interdit de pêcher, dans les parties de rivières, canaux ou cours d'eau dont le niveau est accidentellement abaissé, soit par suite de curage ou travaux, soit par suite de chômage d'usine ou de navigation (art. 17 du décret du 5 septembre 1897).

Sur la demande des adjudicataires de la pêche des cours d'eau navigables et flottables et sur la demande des propriétaires de la pêche des autres cours d'eau et canaux, les Préfets peuvent autoriser, dans des emplacements déterminés et à des époques qui ne coïncideront pas avec les périodes d'interdictions des manœuvres d'eau et des pêches extraordinaires pour détruire certaines espèces, dans le but d'en propager d'autres plus précieuses.

Ils peuvent également, en cas de vidange de biefs, sur la proposition faite, suivant les cas, par les ingénieurs ou par les fonctionnaires de l'administration des forêts, autoriser les fermiers ou les propriétaires du droit de pêche, à se servir *exceptionnellement* d'engins n'ayant pas les dimensions réglementaires, pour s'emparer du poisson menacé de périr (art. 18 du même décret).

Ceux qui sont trouvés porteurs ou munis, hors de

leur domicile, d'engins ou d'instruments de pêche prohibés, sont condamnés à une amende de 20 francs au maximum.

En outre les engins ou instruments sont confisqués, à moins qu'ils ne soient destinés à la pêche dans les étangs et réservoirs (art. 29 de la loi du 15 avril 1829).

Sous aucun prétexte, il n'est permis aux agents, ni gardes, de s'introduire dans les maisons et enclos y attenant pour rechercher ni saisir les engins défendus (art. 40).

Mais, hors de leur domicile, les individus porteurs ou munis de filets non réglementaires ou d'engins prohibés, qui, sur l'ordre d'un agent, refuseraient de leur livrer l'instrument, seraient punis, pour cela seul et sans compter les peines spéciales aux autres fautes, d'une amende de 50 francs (article 41).

———

CHAPITRE VII

LIGNE FLOTTANTE TENUE A LA MAIN

Le temps du frai excepté, il est permis à tout individu de pêcher à la ligne flottante tenue à la main dans les fleuves, rivières, canaux et contre-fossés navigables ou flottables, dont l'entretien est à la charge de l'État ou de ses ayants cause ; ainsi que dans les bras, noues, boires et fossés qui tirent leurs eaux des fleuves navigables ou flottables dans lesquels on peut, en tous temps, passer ou pénétrer librement, en bateau de pêcheur, et dont l'entretien est également à la charge de l'Etat (art. 5 *in fine* et 1 de la loi du 15 avril 1829 combinés).

L'article 15 § 2 du décret du 5 septembre 1897 stipule d'autre part, qu'il est interdit de pêcher avec tout autre engin que la ligne flottante tenue à la main, dans l'intérieur des écluses, barrages, pertuis, vannages, coursiers d'usines et passages ou échelles à poissons, ainsi qu'à une distance de trente mètres en amont et en aval de ces ouvrages.

CHAPITRE VIII

PÊCHE A LA CUILLER

Ce mode de pêche est usité pour la capture des poissons voraces, tels que le saumon. En Russie, cet engin est des plus communément employés, particulièrement sur la Néva.

En France, l'usage de la cuiller souffrait jusqu'à ces derniers temps quelques difficultés.

La règle à suivre était celle fixée par l'Etat, c'est-à-dire les règlements. Or, comme il appartient aux Préfets, dans chaque département, de fixer par arrêtés, ceux des engins qu'ils autorisent ou prohibent, en dehors de ceux que la loi permet ou interdit, il s'ensuivait que la ligne à la cuiller était permise dans certains départements et prohibée dans d'autres. Le pêcheur, soucieux de respecter les règlements et de s'éviter des ennuis, devait donc, avant d'employer la cuiller, s'assurer que cet engin était autorisé sur le territoire où il avait l'intention de pêcher.

Mais, au cours de l'année 1900, et sur les conclusions conformes de M. l'avocat-général Loubers, la Cour de cassation a décidé enfin, que la pêche à la cuiller, encore qu'elle se fasse à l'aide d'une cuiller garnie de trois plombs et dépourvue de flotteurs, ne peut être considérée comme une pêche à l'aide d'engins prohibés, la ligne, loin d'être dormante, demeurant mobile dans l'eau.

Voilà tranchée, définitivement, une question très discutée et très importante pour un grand nombre de pêcheurs.

CHAPITRE IX

VENTE ET COLPORTAGE DU POISSON

Tous les pêcheurs sont obligés de faire l'ouverture de leurs loges, hangars, bannetons, huches, réservoirs ou boutiques à poissons, à toute réquisition des agents (art. 34 de la loi du 15 avril 1829).

Ceux qui s'opposent à la visite ou refusent l'ouverture de leurs boutiques à poissons, sont, pour ce fait seul, punis d'une amende de 50 francs.

Quiconque transporte, débite, vend, achète, colporte, exporte ou importe, pendant la période d'interdiction de la pêche, des poissons dont la pêche est défendue, est obligé de justifier de l'origine de ces poissons (art. 5 de la loi du 31 mai 1865 et 4 du décret du 5 septembre 1897).

Proviennent-ils d'étangs clos ou de réservoirs ? il n'y a rien à craindre.

Dans le cas contraire, ils sont saisis et le colporteur, ou débitant, est puni.

Cette règle est applicable au frai et à l'alevin (art. 8 de la loi de 1865).

La peine encourue est de 30 à 200 francs d'amende (art. 27 de la loi du 15 avril 1829).

Cette peine est doublée :

1° Si le pêcheur, ou colporteur, ou acheteur, est un récidiviste ;

2° Si le délit a été commis la nuit ;

3° Ou encore, si le poisson a été enivré ou empoisonné ;

4° Ou enfin si le poisson a été transporté par bateau, voiture ou bêtes de somme (art. 35 de la loi du 31 mai 1865).

Ceux qui pêchent, colportent ou débitent des poissons de dimensions inférieures à celles autorisées par les règlements, sont punis d'une amende de 20 à 50 francs et de la confiscation des poissons (art. 30 de la loi du 15 avril 1829).

Sont cependant exceptées de cette défense, les ventes de poissons provenant d'étangs clos et de réservoirs.

On considère comme étangs ou réservoirs, les fosses et canaux appartenant à des particuliers, dès que leurs eaux cessent naturellement de communiquer avec les rivières (art. 30).

Exceptionnellement, l'administration peut autoriser, en temps prohibé, la capture et le transport du poisson destiné à la reproduction (art. 6 de la loi du 31 mai 1865).

Enfin la recherche du poisson, en temps prohibé, qui ne peut avoir lieu au domicile privé des citoyens, peut être faite chez les aubergistes, chez les marchands de denrées coloniales et dans tous les lieux ouverts au public (art. 7 de la loi du 31 mai 1865).

CHAPITRE X

DES DÉLITS DE PÊCHE

Dans les affaires de pêche fluviale, la bonne foi n'est pas admise. Comme pour la chasse, il suffit d'avoir commis le fait défendu, pour être puni, même si on ne savait pas mal faire.

La loi ne permet pas de discuter ce genre de fautes contre les règlements qu'on appelle des délits contraventionnels, dans le langage du Palais.

Cependant la loi Bérenger peut être appliquée par les juges.

En outre, l'article 72 de la loi du 15 avril 1829 et l'article 11 de la loi du 31 mai 1865 autorisent les juges — si le préjudice ne dépasse pas 25 francs et si les circonstances paraissent atténuantes — à réduire, lors du jugement, l'amende au dessous de 16 francs et l'emprisonnement au dessous de six jours.

Les tribunaux, dans ce cas, peuvent même prononcer séparément l'une ou l'autre de ces peines à leur choix. sans qu'en aucun cas, ils puissent descendre au dessous des peines de simple police (un franc d'amende).

La police et la surveillance de la pêche fluviale sont confiées spécialement aux gardes-pêche, gardes champêtres, éclusiers des canaux, gendarmes et généralement à tous les agents et officiers de police judiciaire.

La loi du 31 mai 1865 ajoute, à cette liste, les agents des douanes, les employés des contributions indirectes et les employés d'octroi.

Les rédacteurs des procès-verbaux ont droit à une gratification en argent, s'il y a condamnation

Les procès-verbaux constatant des délits de pêche commis dans les cours d'eau *non canalisés*, sont, en vertu de la circulaire du Garde des Sceaux, en date du 26 mars 1897 et du décret du 20 du même mois, soumis à l'appréciation des agents de l'administration des Eaux et Forêts qui fixent les conditions dans lesquelles, sur la demande du contrevenant (*il faut se hâter de faire cette démarche*) peut intervenir une transaction.

La transaction établie et la somme stipulée payée, le délit disparaît, aucune poursuite n'a lieu.

Il n'en est pas de même, si le délit de pêche a été constaté dans les cours d'eau *canalisés*. En ce cas, l'administration des Eaux et Forêts et celle des Ponts et Chaussées n'ont aucune initiative. Le parquet seul apprécie le fait, dans sa haute compétence, sans transaction pécuniaire possible pour éviter des poursuites correctionnelles.

La distinction est étrange, nous devons le constater, mais il en est ainsi décidé par les règlements en vigueur.

Les gardes-pêche doivent être âgés au moins de vingt-cinq ans et assermentés devant le tribunal civil.

Dans le cas où ils changent d'arrondissement ils n'ont pas besoin de renouveler leur serment (art. 3 et 5 du Code forestier).

Ils peuvent être déclarés responsables des délits commis dans leurs cantonnements et punis des amendes et indemnités qu'auraient dû subir les pêcheurs, lorsqu'ils ont négligé de les prendre (art. 8 de la loi du 15 avril 1829).

Les gardes sont autorisés à saisir les filets et autres instruments de pêche prohibés, ainsi que le poisson pêché en fraude (art. 161 du Code forestier et 39 de la loi du 15 avril 1829).

Ils ont le droit de requérir, à leur aide, la force publique (art. 43).

Mais les délits de pêche ne peuvent pas être constatés par une visite domiciliaire.

Les engins saisis sont déposés au greffe du tribunal ; le poisson est vendu dans la commune la plus voisine aux enchères publiques, en vertu d'une ordonnance du juge de paix ou à défaut de ce magistrat sur l'autorisation du maire.

Les poissons, saisis et vendus aux enchères, conformément à l'article 42 de la loi du 15 avril 1829 ne peuvent être exposés de nouveau en vente (article 5 du décret du 5 septembre 1897).

Celui qui est pris *deux fois* pour pêche, dans la même année, voit sa peine *doublée* la seconde fois (art. 69 de la loi du 15 avril 1829).

Les condamnations pour délits de pêche, commis la *nuit,* sont aussi *doublées.*

Les jugements sont signifiés par simple extrait qui contient le nom des parties et le dispositif du jugement. Cette signification fait courir les délais d'opposition et d'appel (art 75 de la même loi et 209 du Code forestier).

Les dommages-intérêts doivent *toujours* être supérieurs à l'amende ou tout au moins égaux (art. 202 du Code forestier).

Les amendes sont payées au bureau du receveur de l'enregistrement.

Ceux qui ne payent pas sont saisis et mis en prison, par contrainte par corps (art. 211 du Code forestier) cinq jours après un simple commandement (art. 77 de la loi du 15 avril 1829 et 211 du Code forestier).

La durée de l'emprisonnement pour défaut de payement est celle fixée par la loi du 22 juillet 1867.

Toutefois, les indigents pourront être libérés après

quinze jours de prison s'ils ne doivent pas plus de 15 francs ; au bout d'un mois s'ils ne doivent pas plus de 50 francs ; au bout de deux mois s'ils doivent plus de 50 francs, quelle que soit la quotité des condamnations (art. 79 de la loi du 15 avril 1829).

En cas de récidive, la durée de la détention sera double de ce qu'elle eût été sans cette circonstance (même article).

Les récidivistes demeureront en prison pour payement pendant une durée double de la durée ordinaire.

Il ne faut pas confondre la prison pour amendes non payées avec la prison infligée par le tribunal.

Les tribunaux doivent distribuer autant de peines spéciales qu'il y a de fautes commises, car, dans les affaires de pêche, la confusion des peines n'est pas permise.

L'acte de citation, fait par l'huissier, pour appeler le coupable au tribunal afin de le juger, doit, à peine de nullité, contenir la copie *tout entière* du procès-verbal et de l'affirmation (art. 172 du Code forestier et 49 de la loi du 15 avril 1829).

Les condamnés ont le droit d'écrire au Ministre de la justice ou au Ministre des travaux publics pour demander leur grâce. Ce sont les ingénieurs ordinaires des arrondissements qui font le rapport d'appréciation, destiné à édifier le Ministre des travaux publics.

La grâce dispense le condamné de subir la peine dont il lui est fait remise ; mais la condamnation n'en figure pas moins au casier judiciaire.

L'amnistie résultant d'une loi, ou la réhabilitation

qu'on peut demander après trois ans, effacent seules les jugements, d'une façon complète et définitive.

CHAPITRE XI

CONTESTATION DES PROCÈS-VERBAUX

Les gardes-pêche doivent écrire, *eux-mêmes*, leurs procès-verbaux, les signer de leur main et les affirmer exacts dans les vingt-quatre heures, devant le juge de paix du canton ou l'un de ses suppléants, ou devant le maire ou l'adjoint, soit de la commune de leur résidence, soit de la commune où le délit a été constaté : *le tout à peine de nullité.*

En cas d'empêchement physique, les gardes peuvent faire rédiger leurs procès-verbaux par d'autres personnes; mais ils doivent toujours les signer et quand ils en font l'affirmation, le procès-verbal doit leur être lu en entier par l'officier public qui en reçoit l'affirmation. La pièce doit porter l'exécution de cette formalité, le tout encore *à peine de nullité* (art. 165 du Code forestier).

Si le garde-pêche ne peut ni écrire ni même signer son procès-verbal, il est procédé comme il sera dit au chapitre : *Des gardes particuliers.*

En principe, les procès-verbaux peuvent être discutés par témoins et preuves contraires.

Cependant ceux qui sont dressés par *deux* agents ou *deux* gardes à la fois ou par un seul agent ou garde, mais dans le cas seulement où la faute constatée n'est pas punie, par la loi, d'une peine supérieure à 50 francs — tant pour amende que dommages-intérêts — sont crus jusqu'à inscription de faux.

C'est-à-dire qu'aucune contestation n'est admise contre eux, sauf le cas où l'intéressé, fort de son droit, déclare s'inscrire en faux.

Pour cela il faut en faire — *avant* l'audience — la déclaration par écrit et en personne au greffe du tribunal.

On peut aussi se faire remplacer par un fondé de pouvoirs, à condition que le maudat soit donné par devant notaire.

Après l'audience ou après l'appel de l'affaire, il serait trop tard pour s'inscrire en faux : on serait jugé et condamné, sans être écouté.

L'inscription ayant été faite régulièrement lorsque l'audience vient, le tribunal donne acte de la déclaration et fixe un délai de huit jours au moins, quinze jours au plus, pendant lequel l'intéressé est obligé de faire connaître au greffe ses moyens de faux ainsi que les noms et domiciles de ses témoins.

Ce délai passé, on fera l'enquête, si cette enquête semble pouvoir détruire l'effet du procès-verbal. Sinon l'affaire sera jugée séance tenante (art. 53, 54, 55, 56 de la loi du 15 avril 1829).

Le demandeur en faux qui perdra son procès sera condamné à une amende de 300 francs au moins, sans compter les dommages-intérêts (art. 246 du Code de procédure civile).

Il faut réfléchir, avant de se lancer dans cette aventure.

CHAPITRE XII

PRESCRIPTION DES DÉLITS

Les actions en réparation de délits, en matière de pêche fluviale, se prescrivent par trois mois, à compter du jour où les délits ont été constatés (art. 62 de la loi du 15 avril 1829 modifié par la loi du 25 novembre 1898).

Le jour du délit ne compte pas.

Si la prescription vient à être interrompue par une citation au prévenu, et si l'affaire reste toujours pendante devant le tribunal, ce n'est pas la prescription spéciale qui recommence à courir, mais la prescription de trois ans (Cour d'Amiens, 2 janvier 1873).

La prescription spéciale de trois mois ne s'applique que lorsque les délits ont été constatés par un procès-verbal, faisant foi, au moins, jusqu'à preuve contraire.

Si le procès-verbal relate seulement une dénonciation, des déclarations de témoins, les résultats d'une enquête officieuse prescrite par le parquet, sans que le rédacteur ait pu constater par lui-même l'existence du délit, la prescription de trois ans est seule applicable. Ce n'est plus là, en effet, qu'un simple rapport du garde ou de la gendarmerie dont l'appréciation reste abandonnée à la conscience du juge (Cour de Nancy, 8 novembre 1871. — Cour de Limoges, 26 octobre 1893. — Tribunal d'Annecy, 5 décembre 1893).

Les délits et malversations commis par les agents, préposés ou gardes de l'administration, dans l'exercice de leurs fonctions, ne se prescrivent que par le laps de temps déterminé par le code d'instruction criminelle (art. 63 de la loi du 15 avril 1829).

Les délits de pêche, accomplis dans ces conditions, sont donc prescrits après trois ans. Ajoutons que cette disposition rigoureuse ne s'étend pas aux gardes particuliers (Cour de Rouen, 4 décembre 1893).

CHAPITRE XIII

DES GARDES PARTICULIERS

Tout propriétaire a le droit d'instituer, pour ses domaines, un garde champêtre, dit la loi du 20 messidor an III, dans son article IV.

Le choix de ces gardes, qu'on dénomme aujourd'hui gardes particuliers, est soumis à l'agrément du Préfet et du Sous-Préfet, dans les arrondissements autres que le chef-lieu du département (avis du Conseil d'État, 4 juillet 1892 ; circulaire du Ministre de l'Intérieur,

1er février 1893 ; circulaire du Ministre de la Justice,
23 mai 1893).

Celui qui désire avoir un garde sur ses terres doit
adresser à l'autorité administrative une requête motivée
écrite sur une feuille de papier timbré à soixante cen-
imes et conçue dans les termes suivants :

Monsieur le Sous-Préfet (*ou le Préfet*).

Je soussigné (*ou Nous*), soussigné (*nom, prénoms,
profession* et *domicile*), propriétaire (*ou possesseur
ou fermier ou locataire*) de propriétés situées dans la
(*ou les*) commune de..... (*déterminer les terrains d'une
façon précise*), désire (*ou désirons*) prendre pour
garde, particulier, le sieur (*nom, prénoms, âge, profession, domicile du candidat-garde*), que je commis-
sionne (*ou que nous commissionnons*), à l'effet de
garder les dites propriétés contre le maraudage et d'une
façon générale de constater tous les délits et contraventions commis sur leur étendue

Je vous prie (*ou nous vous prions*) en conséquence,
Monsieur le Sous-Préfet (*ou le Préfet*), de vouloir bien
agréer le dit sieur (*nom et prénoms*), comme garde
particulier.

Votre respectueux administré,
Signer et dater.

Cette pièce doit être enregistrée.

Il faut lui adjoindre :

1° Un bulletin du casier judiciaire du candidat garde,
*délivré par le Parquet du lieu de naissance du
garde* ;

2° Un certificat de bonnes vie et mœurs, *délivré par le maire ou le commissaire de police du domicile du garde* ;

3° Un extrait de son acte de naissance.

Ces pièces doivent être déposées à la Préfecture ou à la Sous-Préfecture. Il en est donné récépissé (loi du 12 avril 1892, art. 2).

Après l'expiration du délai d'un mois, le propriétaire qui n'a pas obtenu de réponse favorable, peut se pourvoir devant le Ministre (même loi).

Si le Préfet (*ou le Sous-Préfet*), agrée le candidat, il rend un arrêté en la forme suivante :

Nous, Préfet (*ou Sous-Préfet*),

Vu la présentation du sieur . . . ., âgé de . . . . ; demeurant à . . . ., comme garde particulier des . . . ., possédés par le sieur . . . ., dans les communes de . . . .

Vu les renseignements fournis sur la conduite et la moralité du candidat ;

Vu les lois des 3 brumaire an IV et 28 pluviôse an VIII ;

Vu le décret du 25 mars 1852.

Arrêtons :

Article premier. — Le sieur . . . ., est agréé en qualité de garde particulier des propriétés ci-dessus désignées.

3

Art. 2. — Avant d'entrer en fonctions, le sieur
. . . . devra prêter, par devant qui de droit, le
serment prescrit par la loi des 28 septembre-6 octobre
1791.

En préfecture à . . . . , le . . . .

Le Préfet (*ou le Sous-Préfet*).

Cet arrêté constitue ce qu'on est convenu de dénommer la commission du garde.

Il est délivré sur une feuille de papier timbré à un franc quatre-vingts centimes.

La commission obtenue, il est nécessaire de la faire enregistrer. Il faut ensuite prêter le serment requis.

A cet effet, le garde doit se rendre devant le juge de paix (loi des 28 septembre-6 octobre 1791), à moins qu'il ne soit chargé de la surveillance de bois et forêts, auquel cas, c'est devant le Tribunal civil de première instance qu'il est tenu de se présenter (Code Forestier, art. 5 et 117).

Le serment du garde est ainsi conçu :

« Je jure de veiller à la conservation des propriétés,
« confiées à ma garde et de remplir mes fonctions avec
« exactitude et probité. »

Cette formule est lue par le président (ou le Juge de Paix), sous forme interrogative : « Vous jurez de. . . .
. . . . , etc. ?

Le garde lève la main droite *nue* et se contente de répondre, à voix haute :

« — Je le jure. »

Le Tribunal donne aussitôt acte du serment prêté.

Étant officier de police judiciaire, le garde particulier doit être admis à prêter serment sur la réquisition du ministère public, il ne peut l'être avec la simple assistance d'un avoué (Cour de cassation, 20 septembre 1823).

La prestation de serment coûte 6 francs 68 centimes, somme dont voici le détail :

	Droits du Trésor.	Droits de Greffe.
Timbre	0.60	
Enregistrement	5.63	
Répertoire	0.25	0.10
Etat		0.10
Totaux partiels	6 48	0.20
Total général	6 fr. 68 c.	

Son serment reçu, le garde peut entrer immédiatement en fonctions.

S'il exerçait ses fonctions avant d'avoir prêté serment, il s'exposerait à des poursuites correctionnelles, en vertu de l'article 196 du Code pénal, qui punit ce délit d'une amende de 16 à 150 francs.

Il est vrai de dire que le Procureur de la République ne peut poursuivre, en cette matière, qu'après avoir pris l'avis du Garde des Sceaux.

Dans les forêts domaniales, les fermiers sont tenus de soumettre leur garde particulier à l'approbation du conservateur qui peut, le cas échéant, exiger leur renvoi (cahier des charges, art. 26).

Le garde particulier a la mission de constater, sur les propriétés qu'il garde, tous les délits ruraux (art. 188 du Code forestier, et loi du 18 juin 1859); les délits de chasse (art. 22 de la loi du 3 mai 1844); les délits de pêche (art. 36 de la loi du 15 avril 1829); les fraudes sur les tabacs (art. 233 de la loi du 28 avril 1816); les contraventions à la police de roulage (art. 20 de la loi du 27 juillet 1867), etc....

Lorsque les gardes ne peuvent écrire, ni signer, *eux-mêmes*, leurs procès-verbaux, ils doivent, à peine de nullité, les faire rédiger, soit par le juge de paix ou son suppléant, soit par le maire ou son adjoint, le commissaire de police ou le greffier de la justice de paix (loi du 5 avril 1791), (*voir au surplus ce qui a été dit au chapitre* : contestations des procès-verbaux).

Les gardes ne peuvent arrêter que les individus surpris en flagrant délit, pour des actes qui sont punis, par la loi, d'une peine de prison au moins.

Dans ce cas ils doivent conduire, sans délai, leur prisonnier au maire ou au juge de paix, à leur choix.

Ils dressent procès-verbal de ces faits.

En règle absolue, les procès-verbaux des gardes particuliers font foi jusqu'à preuve contraire (art. 6 de la loi des 28 septembre-6 octobre 1791 et 188 du Code forestier): ils doivent être enregistrés au bureau le plus voisin (art. 188 § 3 du Code forestier).

Les gardes particuliers sont tenus d'envoyer *directement* tous leurs procès-verbaux: soit au juge de paix, s'il s'agit de contravention de simple police, soit au Procureur de la République, dans le délai *d'un mois* au plus à compter de l'affirmation (art. 191 du Code forestier).

Ces plis ne doivent pas être affranchis.

Il y a peu de différences entre le garde champêtre de la commune et le garde champêtre particulier institué par la loi de messidor an III.

Tous les deux doivent être âgés de 25 ans et reconnus pour gens de bonnes mœurs (art. 5 de la loi des 28 septembre-6 octobre 1791).

Tous les deux doivent faire affirmer et déposer leurs rapports (lisez *procès-verbaux*) devant le juge de paix de leur canton ou l'un de ses suppléants (même loi art. 6).

Les gardes des particuliers sont officiers de police judiciaire, au même titre que les gardes champêtres des communes, seulement leurs attributions sont évidemment restreintes à l'étendue du territoire qui est soumis à leur surveillance,

De ce fait, il découle qu'ils ne peuvent être jugés que par la Cour d'appel, à raison des délits commis dans l'exercice de leurs fonctions (Cour de cassation 16 février 1821, 3 août 1833, 21 mai 1835, 6 novembre 1840, 5 août 1841) et que les violences commises sur eux, dans l'exercice de leurs fonctions, sont punissables des peines portées par les articles 230 et 231 du Code pénal (Cour de cassation 19 juin 1818, 8 avril 1826, 24 août 1832, 16 décembre 1841, 2 juillet 1846).

Ils ne sont pas les auxiliaires du parquet ; les gardes des communes d'ailleurs ne le sont pas davantage.

Les gardes particuliers sont autorisés à porter des

armes à feu. Quand ils exercent leurs fonctions, ils doivent être munis de leurs insignes : plaque de métal, fixée à un brassard, sur laquelle sont gravées leurs qualités.

Avec l'autorisation du fermier, dans les forêts domaniales, ils peuvent chasser isolément et hors la présence de celui-ci. Enfin il leur est interdit de porter un uniforme qui puisse être confondu avec celui des préposés forestiers (cahier des charges).

La Cour d'Alger a jugé, le 17 avril 1872, que le garde particulier qui chasse sans permis sur les terres confiées à sa surveillance, encourt l'aggravation de peine portée par l'article 198 du Code pénal contre les fonctionnaires qui ont participé à des délits qu'ils sont chargés de surveiller ou de réprimer.

La Cour de cassation, le 17 août 1860 ; la Cour de Bourges, le 27 novembre 1871, ont décidé d'autre part que l'aggravation édictée par l'article 14 de la loi du 3 mai 1844 n'atteignait pas les gardes particuliers. La Cour d'Aix, le 16 mars 1874, a émis la même opinion, quant aux gardes-pêche.

Le propriétaire a toujours le droit de révoquer son garde.

Enfin, aux termes de l'article premier de la loi du 4 avril 1892, les Préfets peuvent, par décision motivée, le propriétaire et le garde entendus ou dûment appelés, rapporter les arrêtés agréant les gardes particuliers.

DEUXIÈME PARTIE

Pêche maritime

CHAPITRE XIV

DU TEMPS DE PÊCHE

La pêche de tous les poissons de mer, crustacés et coquillages, autres que les huitres, est libre pendant toute l'année à une distance de trois milles au large de la laisse de basse mer (décret du 10 mai 1852).

Sur les côtes, les règles sont différentes.

La pêche de la sardine et du hareng est permise depuis le jour où ces poissons de passage arrivent sur le littoral jusqu'au jour où ils le quittent. Cette pêche ouvre une heure avant le lever du soleil et ferme une heure après son coucher ; elle est interdite pendant la nuit.

La pêche du prêtre, du petit prêtre ou éperlan commence le 1er août et finit le 30 avril.

La pêche de tous les autres poissons de mer est permise toute l'année sur les côtes.

Sont défendues en eaux douces :

1º Du 30 septembre exclusivement au 10 janvier inclusivement, la pêche du saumon ;

2º Du 30 octobre exclusivement au 31 janvier inclusivement, la pêche de la truite et de l'ombre-chevalier ;

3º Du 15 novembre exclusivement au 31 décembre inclusivement, la pêche du lavaret.

Ces interdictions sont faites en vue de faciliter la reproduction du poisson ; elles s'appliquent à tous les procédés de pêche, même à la ligne flottante tenue à la main (décrets du 10 août 1875, 18 mai 1878, 27 décembre 1889 et 9 avril 1892).

La pêche des huîtres et des moules commence le 1er septembre et finit le 30 avril : elle est toujours interdite pendant la nuit. En outre elle n'est pas entièrement libre, en ce sens qu'elle n'est autorisée que sur les bancs huîtriers et mouliers, ouverts à l'exploitation par arrêtés spéciaux des Préfets maritimes.

La pêche, à pied, des huîtres et moules est défendue du 30 avril au 1er septembre.

Les époques de pêche des langoustes et homards sont fixées par arrêtés de la Marine.

La pêche des autres coquillages, poissons à croûtes et crustacés est permise toute l'année (décret du 4 juillet 1853).

Enfin la pêche de la truite, du saumon, de l'ombre-chevalier et du lavaret est interdite du 20 octobre au 31 juillet, tant à la mer et le long des côtes que dans la partie des fleuves, étangs et canaux où les eaux sont salées (décret du 20 novembre 1875).

Sont punis d'une amende de 5 à 100 francs et d'un emprisonnement de 2 à 10 jours ceux qui se livrent à la pêche pendant les temps, saisons et heures prohibées ou en dedans des limites fixées par les règlements pour déterminer la distance de la côte de l'embouchure des étangs, rivières et canaux dans lesquels la pêche est interdite (art. 8 de la loi du 9 janvier 1852).

CHAPITRE XV

ENGINS PROHIBÉS

Le décret du 4 juillet 1853 autorise l'emploi des engins dénommés : folles, demi-folles, grandes et petites canières, grandes et petites pentières, grands et petits rieux, cibaudières, six doigts, mailles royales, lesques, bretellières, haussières, flottées, muletières, rets à crocs, traversières, maquereaulières, séchées, tressons, tressures, tramaux, fondrières, demi-fondrières ou flottants, picots ou filets à aiguillettes, chaluts ou rets traversiers, grandes seines à jets, petites seines ou halopins, seines à prêtres, rets à grados, à sardines, à harengs, à maquereaux, carreaux ou huniers, havenets, havets, haveaux, filets à saumons, casiers à vieilles, dards, foënes, ciseaux, ravoirs, havenets à chevrettes, bouteux, chaudières, dragues à maërl, à huîtres, à sables coquilliers et à goëmon rouge, cuillers en fer pour amendements marins, couteaux à moules, rateaux, dragues à moules, claies, paniers, bourraques pour crabes, homards roccailles, varveux, verveux, louves, crocs en fer pour les poissons à croûte sur les rochers ; l'hameçon, les couteaux, crochets, pelles en fer ou bois pour lançons ou coquillages seulement.

Ces engins ne sont autorisés qu'autant qu'ils sont construits dans les dimensions prescrites par les règlements.

Le décret du 10 août 1875 prescrit que les mailles de filets mesurés de chaque côté après leur séjour dans l'eau et l'espacement des verges des bires, nasses et autres engins employés à la pêche des poissons, doivent avoir au minimum 40 millimètres pour le saumon et 27 millimètres pour les autres espèces.

La mesure des mailles et de l'espacement des verges est prise avec une tolérance d'un dixième.

L'article 7 de la loi du 9 janvier 1852 punit de 25 à 125 francs d'amende ou de trois à vingt jours de prison, ceux qui fabriquent, possèdent hors de leur domicile, vendent ou font usage des filets, rêts, engins et instruments de pêche maritime défendus.

CHAPITRE XVI

APPATS DÉFENDUS

Sont interdits ;

La noix vomique, la noix de cyprès, les coques du

Levant, la momie, le musc et toutes autres drogues ou liquides pour servir d'appâts, enivrer ou empoisonner le poisson.

Il est également défendu :

1º De pêcher à la main, de troubler l'eau et de fouiller au moyen de perches pour faire fuir le poisson.

2º De battre l'eau avec des perches, cliquettes, chaînes ou d'autres manières pour faire entrer le poisson dans les filets.

3º De retenir le poisson avec des fascines ou des amas de pierres ou de détourner le cours des eaux.

4º De se servir d'armes à feu, de poudre de mine, de dynamite et de tout autre substance explosible.

Ceux qui emploient pour la pêche maritime ou côtière des appâts ou moyens prohibés sont punis d'une amende de 50 à 250 francs et peuvent être mis en outre pendant six jours ou un mois en prison (art. 5 de la loi du 9 janvier 1852).

CHAPITRE XVII

CLASSIFICATION DES FRAIS ET POISSONS DE MER

Les œufs de tous les poissons et ceux des crustacés constituent le frai.

Il est interdit de les pêcher ou de les recueillir. La gueldre est assimilée au frai (décret du 4 juillet 1852).

Ceux qui pêchent, captent ou détruisent les œufs,

frais ou gueldres sont punis d'une amende de 25 à 125 francs ou d'un emprisonnement de 3 à 20 jours (art. 7 de la loi du 9 janvier 1852).

La pêche des poissons et coquillages n'est autorisée qu'autant qu'elle a pour but la capture de ceux qui ont atteint la grandeur réglementaire. Les plus petits, s'ils sont pris involontairement, doivent être immédiatement rejetés.

Il est interdit de conserver ceux qui ont des dimensions inférieures aux suivantes (décrets des 4 juillet 1853, 10 août 1875, 9 avril 1892).

I. — Poissons ronds :

1º Colins, aloses, feintes, esturgeons, morues : 27 cent.
2º Saumons. . . . . 40 —
3º Bars, mulets, lieus, dorades . . . . . 16 —
4º Merlans, grondins, surmulets ou rougets,
      maquereaux, vives et vieilles . . . . 12 —
5º Truites, brèmes . . . . 14 —

II. — Poissons plats :

1º Turbots, raies . . . . 20 —
2º Barbues, carrelets . . . . 16 —
3º Plies, soles, limandes, flets. . . . . 10 —

III. — Poissons longs :

1º Congres, lingues . . . . 27 —
2º Anguilles . . . . 40 —
3º Lamproies . . . . 14 —

IV. — Crustacés :

Homards, langoustes. . . . . 20 —
Chevrettes . . . . 03 —

Toutes ces longueurs sont mesurées de l'œil à la naissance de la queue ; celles des homards, langoustes et chevrettes de l'œil à l'extrémité de la queue déployée.

V. — Coquillages (diamètre dans la plus grande largeur) :

Huîtres . . . . 06 —
Huîtres de Tréguier . . . . , . . . 04 —
Moules . . . . 03 —

Il est interdit de pêcher tous les autres poissons, non dénommés plus haut, dont la longueur de l'œil à la naissance de la queue n'atteint pas 81 millimètres.

Cependant les poissons qui s'ensablent (lançons, etc.), n'ont pas de dimensions réglementaires ni les coquillages autres que les moules et huîtres (décret du 4 juillet 1853).

Ceux qui prennent et gardent des poissons ou coquillages de tailles inférieures à celles indiquées par le règlement sont punis d'une amende de 25 à 125 francs ou d'un emprisonnement de trois à vingt jours (art. 7 de la loi du 9 janvier 1852).

CHAPITRE XVIII

PÊCHE, VENTE ET COLPORTAGE DES MOULES
(Loi du 26 décembre 1890).

La pêche des moules, à pied et en bateau, est permise toute l'année sur les moulières dont le Préfet maritime ou le chef du service de la Marine, aura autorisé l'exploitation.

Elle est interdite avant le lever et après le coucher du soleil.

La vente, l'achat, le transport et le colportage des moules provenant soit des gisements naturels régulièrement ouverts à la pêche, soit des établissements d'élevage sont autorisés toute l'année, sans acception de dimensions.

CHAPITRE XIX

ETABLISSEMENT DE PÊCHERIES OU PARCS MARITIMES

Aucun établissement de pêcherie de quelque nature qu'il soit, aucun parc, soit à huitres, soit à moules, aucun dépôt de coquillages, ne peuvent être formés sur le rivage de la mer, le long des côtes, ou dans la partie des fleuves, rivières, étangs et canaux où les eaux sont salées, sans une autorisation spéciale du Ministre de la Marine (art. 2 de la loi du 9 janvier 1852).

Ceux qui forment, sans autorisation, des établissements de ce genre sont punis d'une amende de 50 à 250 francs et peuvent en outre être punis d'un emprisonnement de 6 jours à un mois (art. 5).

La destruction des établissements formés sans autorisation aura lieu aux frais des coupables (art. 5).

CHAPITRE XX

HERBES MARINES ET AMENDEMENTS

Il y a trois espèces d'herbes marines :

1° Les goëmons de rive ;
2° Les goëmons poussant en mer ;
3° Les goëmons venant épaves de côté.

Les goëmons de rive sont ceux qui tiennent au sol et que l'on peut atteindre à pied sec à la basse mer des marées d'équinoxes.

Les goëmons poussant en mer sont ceux qui, tenant aux fonds et aux rochers, ne peuvent être atteints même aux basses marées par les piétons.

Les goëmons venant épaves de côtes, sont ceux qui, détachés par la mer, sont portés à la côte par le flot.

La récolte des herbes marines de rives appartient aux habitants et aux propriétaires des communes riveraines.

Ils ont tous le droit de participer à leur récolte (décret du 8 février 1868).

Mais ce droit est réservé aux habitants et propriétaires de la commune riveraine seuls. Aussi les étrangers sont-ils exclus et les indigènes ne peuvent-ils pas employer des étrangers, même pour les aider à faire la récolte (décret du 31 mars 1873).

Il est bien évident que les goëmons attenant au sol

dans l'intérieur des pêcheries à poissons, appartiennent également aux riverains.

Seuls, les goëmons poussant dans l'intérieur des parcs et des dépôts de coquillages sont la propriété privée des possesseurs de ces etablissements.

Prendre ce goëmon, serait commettre un vol.

Chaque année l'autorité municipale permet 2 coupes de goëmons y compris la coupe du pailleul ou flèche.

Cette opération ne peut avoir lieu que le jour. La marée fixe les époques et les jours de coupes.

Des affiches, placées 10 jours au moins auparavant, font connaître le jour de l'ouverture de la récolte.

Les indigènes, s'ils ont le privilège de la coupe, ont toutefois le droit de vendre leurs récoltes aux étrangers et de les transporter en dehors de la commune.

La récolte des goëmons poussant en mer est permise de jour pendant toute l'année. Elle ne peut être faite qu'au moyen de bateaux pourvus de leurs rôles d'équipages.

Cependant aux marins de profession peuvent être adjoints deux cultivateurs par tonneau pour aider à la coupe de goëmon, lorsqu'elle est faite pour le besoin particulier des agriculteurs.

Il est permis en tout temps et à tout le monde de recueillir, de jour et de nuit (décret du 5 octobre 1872), les goëmons épaves de la côte (décret du 8 février 1868).

Ces goëmons-épaves que la mer dépose dans l'intérieur des pêcheries, parcs et dépôts à coquillages, appartiennent aux possesseurs de ces établissements.

L'enlèvement des amendements marins et sables coquilliers ne peut avoir lieu que sur l'autorisation du Préfet maritime, après avis du Préfet du département.

S'il s'agit de l'extraction des sables à bâtir, pierres et produits naturels autres que ceux qui sont considérés comme amendements marins, les autorisations sont délivrées par le Préfet du département après avis du Préfet maritime (décret du 8 février 1868).

CHAPITRE XXI

DES DÉLITS DE PÊCHE

Comme pour la pêche fluviale, la bonne foi n'est pas une excuse pour les pêcheurs en contravention maritime.

Cependant la loi Bérenger est applicable.

La surveillance et la police de la pêche maritime est confiée aux commissaires de l'inscription maritime, officiers et officiers mariniers des bâtiments et garde-côtes, inspecteurs des pêches maritimes, syndics des gens de mer, prud'hommes pêcheurs, gardes-jurés de la Marine, gardes-maritimes, gendarmes de la Marine (art. 16 du décret du 9 janvier 1852).

Lorsqu'il s'agit de vente ou de colportage de poisson ou de frai, le délit peut être en outre constaté par les officiers et agents de police judiciaire, les préposés des contributions indirectes et les employés d'octroi.

4

Il en est ainsi également pour les transports de poissons plus petits que la taille réglementaire (art. 16).

Dans la partie des fleuves, rivières et canaux compris entre la limite de l'arrondissement maritime et le point où cesse la salure des eaux, les délits de pêche peuvent être recherchés en même temps soit par les agents de pêche fluviale soit par les agents de pêche maritime (décret du 17 novembre 1859).

Les procès-verbaux de pêche maritime doivent être signés et affirmés dans les trois jours à peine de nullité devant le juge de paix du canton ou le maire soit de la résidence de l'agent soit de l'endroit du délit, ou par leurs suppléants.

Toutefois les procès-verbaux dressés par les officiers du commissariat de la Marine chargés du service de l'inscription maritime, par les officiers de marine et officiers mariniers, commandant les bâtiments et embarcations garde-côtes et les inspecteurs des pêches maritimes ne sont pas soumis à la formalité de l'affirmation (art. 17 du décret du 9 janvier 1852).

Toutes les affaires de pêche maritime tachent le casier judiciaire, lorsqu'il y a condamnation.

Les poursuites ont lieu à la diligence du Parquet ou à la requête des particuliers lésés dans leurs droits. Elles peuvent être également intentées à la diligence des officiers du commissariat de l'inscription maritime. Dans ce cas les officiers ont le droit de venir à l'audience pour expliquer l'affaire et être entendus dans leurs conclusions (art. 19).

Les procès-verbaux font foi jusqu'à inscription de

faux (art. 20), c'est-à-dire qu'on n'a pas le droit de les contester, même avec des témoins, à moins de s'inscrire au greffe, avant l'audience, en faux contre le procès-verbal.

Après l'audience ou même après i'appel de l'affaire c'est-à-dire au moment de répondre aux juges, il serait trop tard : on serait forclos.

L'inscription en faux se fait par écrit au greffe du tribunal.

Cette formalité permet de faire entendre des témoins, pour combattre le procès-verbal.

Mais il faut être sûr d'avoir raison avant de s'engager dans cette procédure, car si l'on perd son procès, on est — pour ce seul fait et sans compter le délit principal — condamné à une amende d'au moins 300 francs (art. 246 du Code de Procédure civile).

A défaut de procès-verbal ou en cas d'insuffisance de ces procès-verbaux, les délits de pêche maritime peuvent être prouvés par témoins (art. 20 du décret du 9 janvier 1852).

Tous les actes de procédure, depuis la citation jusqu'au jugement compris, sont dispensés du droit de timbre et enregistrés gratis (art. 21).

En cas de conviction de plusieurs délits, il n'est prononcé qu'une peine : la plus forte (art. 365 du Code d'instruction criminelle).

Les délits de pêche maritime s'effacent trois mois après le jour où le fait a été constaté.

A défaut de poursuites dans le trimestre, l'action

publique du Parquet et celles des particuliers lésés sont éteintes (art. 18 du décret du 9 janvier 1852).

Les condamnés peuvent écrire au Président de la République, pour demander leur grâce ou une réduction ou encore la substitution de la prison en amende.

Une lettre sur papier ordinaire et sans timbre-poste suffit pour la demande.

Ces grâces sont très rarement accordées.

TROISIÈME PARTIE

Dispositions communes

RESPONSABILITÉ CIVILE DES PARENTS ET PATRONS

Les maris, pères, mères, tuteurs, fermiers et porteurs de licences, ainsi que les propriétaires, maîtres et patrons, sont pécuniairement responsables des délits de pêche commis par leurs femmes, enfants, mineurs, pupilles, bateliers, matelots, compagnons, commis, domestiques, sauf leur recours contre eux.

Cette responsabilité est celle de l'article 1384 du Code civil.

TABLE DES MATIÈRES

IIIe Partie. — Dispositions communes.

FIN